Geschrieben von **Brigitte Hoffmann**
mit Bildern von **Jochen Windec**

AUTOS

Alles, was du wissen willst!

EXPLORER

CARLSEN

Inhalt

Entwicklung des Autos:

Vor 5500 Jahren

Erfindung des Rades

vor 2000 Jahren

Erste gefederte Kutschen (für Reisen)

1876

Erster „Otto-Motor" (Gasverbrennung, 4-Takt)

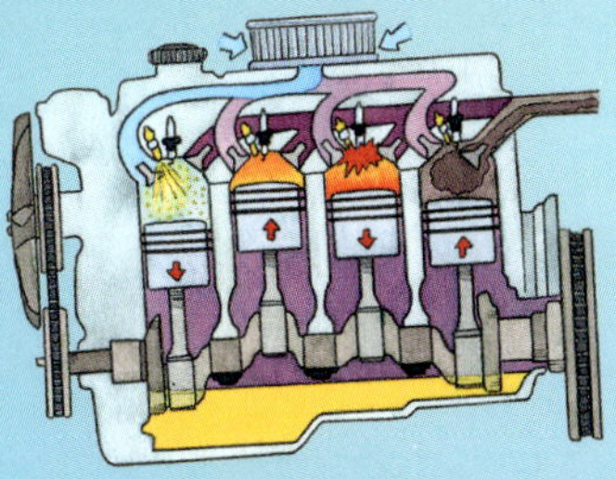

Ein Pkw

... ist ein Personenkraftwagen, ein Fahrzeug mit Motor, das Menschen von einem Ort zum anderen bringt.

1886

Erstes Automobil (Benz-Patent-Motorwagen Nr. 1, mit Otto-Motor)

1913

Erste Fließband-Produktion von Automobilen (Ford T, USA)

Seit 1966

Meistverkaufte Pkw: VW Golf und Toyota Corolla

Seit 1997

Erste moderne Hybridautos mit einem Benzin- und einem Elektromotor

So könnte eine Stadt der Zukunft aussehen: Auf Schienen und durch die Luft gelangen die Menschen von einem Ort zum anderen.

Bitte einsteigen!

Mit dem Auto in die Zukunft

Hamburg im Jahr 2100, 7:30 Uhr
„Das NBT ist da!“, ruft Kendos Mutter. Kendo schnappt sich Jacke, Schulcomputer und Brotdose und rennt aus dem Haus. Ein windschnittiges siebensitziges Elektroauto hält gegenüber. Es ist ein Nachbarschaftstaxi, abgekürzt NBT. Während Kendo und fünf weitere Schüler einsteigen, drückt der Fahrer auf einen Knopf. Die Oberfläche des NBT flimmert kurz und schon ist das ganze Auto nicht mehr gelb, sondern blau! Der Chamäleon-Lack kann die Farbe wechseln! Jeder auf den Straßen weiß jetzt: das Taxi ist besetzt.

Farbsignale versteht jeder, darum funktionieren Ampeln auch so gut.

7:35 Uhr

Los geht's. Mit einem Joystick steuert der Fahrer das NBT lässig durchs Wohnviertel. Der Chamäleon-Lack des Autos kann noch mehr: Er enthält Millionen winziger Solarzellen, die das Tageslicht direkt in elektrischen Strom umwandeln. Das NBT tankt sich also einfach über seine Oberfläche auf! Tankstellen mit teurem Benzin kennt Kendo nur aus den Erzählungen seines Opas. Auch stinkende Autoabgase gibt es nicht mehr.

Ups, das ging schnell.
Jetzt ab in den Unterricht ...

7:40 Uhr

Kendo macht noch schnell eine Hausaufgabe, zu der er gestern keine Lust mehr hatte. Mit einem Computer-Stift kritzelt er seine Sätze direkt auf den Bildschirm des Schul-Smartpads. Im schwebend gefederten NBT rüttelt und schaukelt nichts. Keiner von Kendos Buchstaben verwackelt während der Fahrt.

7:55 Uhr

Geschafft! Gerade erreichen sie die Rampe zur Magnet-Schwebetrasse. Das NBT reiht sich in die Autoschlange am Fuß der Rampe ein und dockt sanft auf der Magnetschiene an. Jetzt wird es zum Zugwaggon! Wo sich früher Kolonnen von Benzinautos auf sechsspurigen Autobahnen dahinwälzten, fahren heute blitzschnelle Schwebebahnen. Sie bestehen aus zahlreichen NBTs, die von nur einem Zugführer gesteuert werden. Die Taxifahrer steigen aus. Für sie stehen schon wieder leere NBTs bereit, mit denen sie weitere Leute zu Hause abholen werden. Kendo und alle anderen Schüler müssen nicht umsteigen! Sie können einfach sitzen bleiben, während die Bahn lautlos anfährt.

8:00 Uhr

Die Schwebebahn hält direkt vor der Schule. Exakt der Reihe nach öffnen alle Waggons automatisch ihre Türen. So gibt es kein Gedränge. Für zwanzig Kilometer hat die Magnet-Schwebebahn nur fünf Minuten gebraucht, etwa dreimal so schnell wie ein Benzinauto in früheren Zeiten.

Die Autos von morgen

… werden umweltfreundlich sein. Vermutlich gibt es nur noch Elektroautos, die mit Strom aus Wind-, Sonnen- und Meereswellen-Energie fahren. Vielleicht haben viele Autos auch sogenannte Brennstoffzellen-Motoren, bei denen sauberer Wasserdampf aus dem Auspuff kommt. Sicher bestehen alle Fahrzeuge aus ganz neuen Materialien.
Das werden zum Beispiel stabile und gleichzeitig sehr leichte Kunststoffe sein. Wahrscheinlich gibt es ganz neue Verkehrssysteme, in denen ein Auto gleichzeitig ein Zugwaggon ist – so wie Kendos Schultaxi.

Eine runde Sache

Wie kam das Automobil ins Rollen?

Soviel die Schultern trugen

In der Steinzeit ging man nur zu Fuß. Die Menschen zogen von einem Lagerplatz zum nächsten. Alles, was sie besaßen, konnten sie tragen. Vor etwas mehr als 10 000 Jahren begannen die ersten Bauern Getreide anzupflanzen. Sie gründeten Dörfer und zähmten Tiere. Rinder wurden zu Haustieren, die auch Lasten tragen konnten.

Rollen statt schleppen

Vor rund 6000 Jahren verschoben die Menschen schwere Lasten über geglättete Baumstämme von einem Ort zum anderen. In den folgenden Jahrhunderten hatten mehrere pfiffige Köpfe dieselbe Idee: Sie befestigten vier runde Baumscheiben so an einer Holzplatte, dass die Scheiben sich drehen konnten. **Rad** und **Wagen** waren erfunden! Als Zugtiere spannte man Rinder und später auch Pferde davor.

Vor über 2000 Jahren entwickelten die Römer die erste Kutsche. In einem Gestell über den **Radachsen** hing eine hölzerne Kabine an dicken Lederstreifen. In der Kabine saßen Reisende bequemer, weil sie nun gegen Stöße abgefedert waren.

Vor etwa 2000 Jahren waren die Römer in solchen Reisewagen unterwegs.

Ochsenkarren in Nepal

Vor rund 5500 Jahren erfanden Bauern den Ochsenkarren. Noch heute wird er in manchen Ländern für die Feldarbeit eingesetzt.

Vor 6000 Jahren begannen die Menschen riesige Bauwerke zu bauen. Große Steine verschoben sie über Holzrollen.

So könnte der Bau einer Pyramide ausgesehen haben.

Wie viel PS?

PS ist die Abkürzung für **Pferdestärke.** Ein Automotor mit 60 PS hat so viel Zugkraft wie ungefähr 60 Pferde. Heute wird diese Leistung in **kW (Kilowatt)** gemessen: 100 kW = 136 PS.

Dampf machen

Englische Erfinder entwickelten um 1830 die ersten Automobile, die mit Dampfmaschinen angetrieben wurden. Im Alltag nutzte man sie als Busse oder als schwere Landmaschinen. Dampf-Pkws setzten sich nicht durch. Sie waren sehr schwer.

Mannheim im Jahr 1888, Sommerferien

Im Morgengrauen weckt Bertha Benz ihre 15- und 13-jährigen Söhne Eugen und Richard. Heimlich schieben sie das erste echte Auto der Welt vom Hof. Die Erfindung von Vater Carl ist schon zwei Jahre alt und die drei Verschwörer wollen endlich beweisen, dass sie etwas taugt.
Richard schüttet eine Flasche Fleckenreiniger aus der Apotheke in den Tank. Eugen dreht ein waagerechtes Schwungrad, bis der Motor startet. Wenig später knattert „das Höllengefährt" mit 2,5 PS über die Landstraße. Wenn es zu steil bergauf geht, müssen Bertha und die Jungen schieben. Sie wollen bis zur Verwandtschaft nach Pforzheim. Dabei darf die seltsame Motorkutsche so weite Strecken gar nicht fahren. Hoffentlich erwischt die Polizei sie nicht! Müde und staubig, aber überglücklich erreichen sie am Abend ihr Ziel. Der Mut Berthas und ihrer Söhne wird belohnt. Endlich beginnen die Menschen dem benzinbetriebenen Automobil zu vertrauen.

Strom oder Benzin?

Auch Elektroautos gibt es schon lange. Um 1920 setzten sich die Benzinautos durch – vielleicht weil es damals mühsamer war, eine Batterie aufzuladen, als Benzin zu tanken. Heute werden immer mehr umweltfreundliche Elektroautos gebaut.

Dieser Dampfbus fuhr 1875 in Frankreich.

Der Benz-Patent-Motorwagen brauchte für die 90 Kilometer einen ganzen Tag. Unterwegs mussten Bertha und ihre Söhne Haushaltsbenzin Ligroin in der Apotheke kaufen.

Dies ist kein echtes Foto aus der Zeit, sondern eine nachgestellte Szene.

Rekonstruktion des Flocken-Elektrowagens

Andreas Flocken baute 1888 das erste echte Elektroauto der Welt.

Der MOTOR macht's

Wer erfand den Benzin-Antrieb?

Den ersten Automotor entwickelten Wilhelm Maybach und Gottlieb Daimler.

Köln, ein Sonntag im Jahr 1863

Neugierig bleiben Fußgänger vor einem Haus stehen, aus dem ein Surren und Knattern zu hören ist. Im Wohnzimmer des Hauses stampft eine seltsame Maschine. Regelmäßige Gasexplosionen versetzen ihr Schwungrad in Drehung. Die Maschine ist gewaltig für ein Wohnzimmer, aber trotzdem viel kleiner und eleganter als eine Dampfmaschine. Der Jubel des stolzen Hobby-Erfinders Nicolaus Otto geht im Lärm unter. Seit er in Paris den Gasmotor von Etienne Lenoir sah, hat er jede freie Minute an einem eigenen Nachbau getüftelt. Und jetzt funktioniert das Ding tatsächlich!

Auf diesem Foto sieht Nicolaus Otto sehr nachdenklich aus.

Nicolaus Otto hat die Lenoir-Gaskraftmaschine nachgebaut und später immer weiter verbessert.

Einen Tag später, im Bahnhof

Eine Dampflok fährt ein und erfüllt die große Halle mit Qualm und Gestank. Nicolaus muss husten und steigt eilig in den Zug. Jeden Tag reist er durchs Land, um Kaffee, Kakao und Tee zu verkaufen. Und überall in den Fabriken sieht er die schweren Ungetüme von Dampfmaschinen stehen. Das soll sich ändern! Irgendwann will Nicolaus Gasmotoren für alle Lokomotiven und Fabrikmaschinen bauen.

Kölner Stadtteil Deutz, 1876

Den Beruf des Handlungsreisenden hat Nicolaus Otto an den Nagel gehängt. Gemeinsam mit einem wohlhabenden Ingenieur betreibt er seit 1864 die Gasmotorenfabrik Deutz AG. Otto hat den Gasmotor verbessert und baut ihn erfolgreich für Fabriken. In der Firma arbeitet noch ein weiterer begabter junger Techniker, der Ottos Fabrik-Motor weiterentwickelt. Der Techniker heißt Wilhelm Maybach.

Wilhelm Maybach

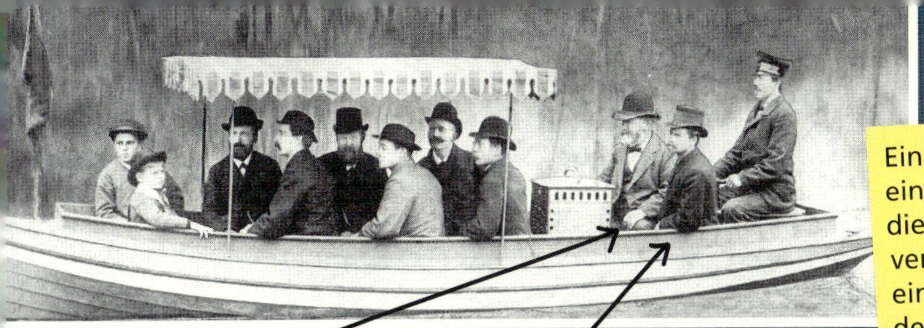

Gottlieb Daimler und Wilhelm Maybach erfanden ein Motorrad und dieses Motorboot. Später bauten sie auch einen Rennwagen und nannten ihn „Mercedes“ – nach der Tochter eines Geschäftsfreundes.

Ein **Viertakt-Motor** besteht aus mindestens einem **Zylinder**. Er durchläuft abwechselnd die gleichen vier Schritte (Takte). In Schritt 3 versetzt der nach unten stoßende **Kolben** eine **Kurbelwelle** in Drehung. Die Drehung der Kurbelwelle wird auf die Räder übertragen.

Versuchswerkstatt Daimler in Stuttgart-Cannstatt, 1883

Seit seinem zehnten Lebensjahr wuchs Wilhelm Maybach in einem Waisenhaus in Süddeutschland auf. Aber bereits mit 15 fand er einen echten Freund und Förderer: den Maschinenbau-Ingenieur Gottlieb Daimler. Daimler hat inzwischen in Wilhelms Heimat eine kleine Firma gegründet. Jetzt arbeitet Maybach hier und entwickelt den Gasmotor zu einem Benzin-Verbrennungsmotor weiter. Gemeinsam melden Daimler und Maybach ihren sehr leichten und kleinen Motor zum Patent an. Heute ist er unter dem Namen „Otto-Motor“ bekannt, aber eigentlich müsste er „Maybach-Daimler-Otto-Motor“ heißen. Schon das erste echte Auto, der Benz-Patent-Motorwagen, fuhr mit diesem Motor.

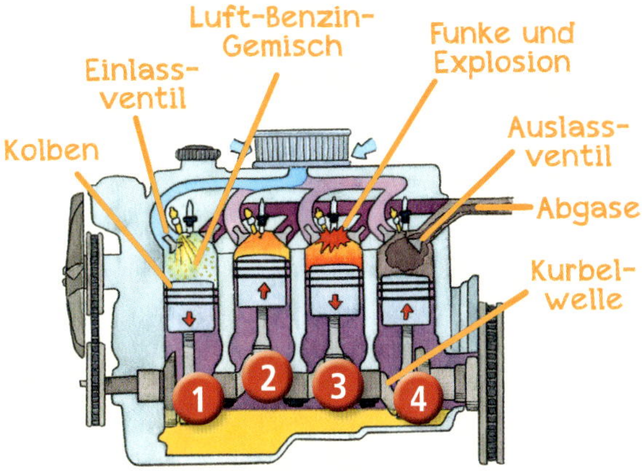

1. **Runter:** ein Gemisch aus Luft und Benzin strömt ein (**ansaugen**)
2. **Hoch:** das Luft-Benzin-Gemisch wird ganz fest zusammengedrückt (**verdichten**)
3. **Runter:** ein Funke zündet und der Kolben saust nach unten (**zünden**)
4. **Hoch:** der Kolben presst die Abgase heraus (**ausstoßen**)

Im Benz-Patent-Motorwagen steckte der Automotor, den Maybach und Daimler entwickelt hatten.

Dies ist ein Nachbau.

Gefährliches Automobil?

Die ersten Autos waren teure Luxusobjekte. Auf den damaligen Straßen galten sie als Gefahr für Fußgänger und Pferdefuhrwerke. Im Jahr 1910 durften Automobile innerhalb von Ortschaften nicht mehr als 15 Stundenkilometer fahren. Heute ist das Dreifache erlaubt.

Was ist ein Patent?

Mit einem amtlichen Patent wird eine Erfindung offiziell anerkannt. Niemand darf sie dann ohne die Erlaubnis des Erfinders nachbauen.

Frisch poliert

Als die Oldtimer noch neu waren

1930, Samstagabend, auf dem Landsitz eines englischen Lords

Der Sohn des Automobil-Werkstattmeisters erzählt:

„Hi, ich heiße Ron. Ich bin zwölf und gehe noch zur Schule. Aber heute Abend bleib ich bis spät in die Nacht auf und helfe meinem Dad. Er ist hinten in der Werkstatt und sucht passende Ersatzteile für die Gästeautos zusammen. Da gibt es immer viel zu reparieren. Oben im Haus findet eine große Party statt. Endlich ist mal was los hier! Jede Menge piekfeine Gäste parken ihre Nobelkarossen in unserem Hof. Noch nie hab ich so viele tolle Schlitten auf einmal gesehen! Ich liebe Automobile! Mein Vater bekommt jede Autozeitschrift aus dem Herrenhaus, sobald sein Chef, der Lord, sie ausgelesen hat. Und wenn mein Dad sie gelesen hat, kriege ich sie. Yeah, ich kenne mich aus."

Karossen vom Feinsten …

„Das hier zum Beispiel ist ein französischer Panhard & Levassor X26 Coupé Chauffeur. Die Herrschaften reisen in der Kabine wie in ihrem eigenen Wohnzimmer. Der Chauffeur sitzt vor ihnen auf einer großen, gepolsterten Bank. In seiner Uniform macht er eigentlich richtig was her – nur heute sieht er aus wie ein begossener Pudel. Während der Fahrt hat es geregnet und vorne sind ja keine Seitenfenster! Ich muss erst mal die Sitzbank trocken rubbeln. Danach fülle ich den Benzinkanister auf und poliere den Lack."

Der Benzin-Verbrauch

… eines Autos war früher höher als heute. Zwischen 1930 und 1980 lag der Verbrauch eines mittelgroßen Autos etwa bei 10 bis 12 Litern. Die Motoren wurden in diesen 50 Jahren immer stärker. Heute baut man leichtere, sparsamere Autos, die im Durchschnitt rund 7,5 Liter auf 100 km verbrauchen.

… und eine Klapperkiste

„Noch sechzehn Wagen muss ich putzen. Was man dabei so alles findet! Da liegen leere Pralinenschachteln unter den Sitzen, manchmal kleben Bonbons auf der Fußheizung fest … oh, wer tuckert denn da noch so spät auf den Hof? Ein alter Ford T mit 'nem Nummernschild aus den USA. „Tin Lizzy“, Dosen-Lizzy, haben die Amis ihre berühmte Blechbüchse getauft. Die hier muss steinalt sein. Von 1913 oder so – und jede Menge Dreckspritzer rundum. Na prima: noch mehr Putzerei. Die Schrottmühle ist wohl direkt aus dem Wilden Westen aufs Schiff gefahren, bevor sie zu uns nach England kam.“

Der Sportwagen Bugatti Typ 50 wurde nur 65-mal gebaut.

1985 hat das Modell es sogar auf eine vietnamesische Briefmarke geschafft.

Sechzehn Autos später

„Puh, mein armer Rücken! Endlich glänzt der Rolls Royce Phantom wieder. Klar, Rolls Royce ist die beste Automarke, die es gibt. Britisch, versteht sich. Aber das Allertollste hab ich mir bis zum Schluss aufgehoben: einen Bugatti Typ 50, dieser Sportflitzer hat echt Stil! Ich muss seinen Werkzeugkasten mit neuen Ersatzteilen auffüllen. Bestimmt merkt es keiner, wenn ich mich mal kurz auf den Fahrersitz setze. Mist, an die Pedale komm ich noch nicht ran. Ich kann's kaum erwarten: Später werde ich Automechaniker und mach meine eigene Werkstatt auf! Für Nobelschlitten wie diesen …“

Dieser Ford A Tudor wurde 1928 gebaut und so gut gepflegt, dass er noch immer fährt.

Mercedes-Benz Nürburg 460 aus dem Jahr 1929

TECHNIK gut, alles GUT!

So funktioniert ein Auto

Innenraum: Einsteigen bitte! Meine Sitze und Anschnallgurte sind sicher befestigt. Bei Unfällen blasen sich versteckte Luftsäcke (Airbags) auf.

Der Luftfilter reinigt die Luft, die der Motor für sein Luft-Benzin-Gemisch ansaugt.

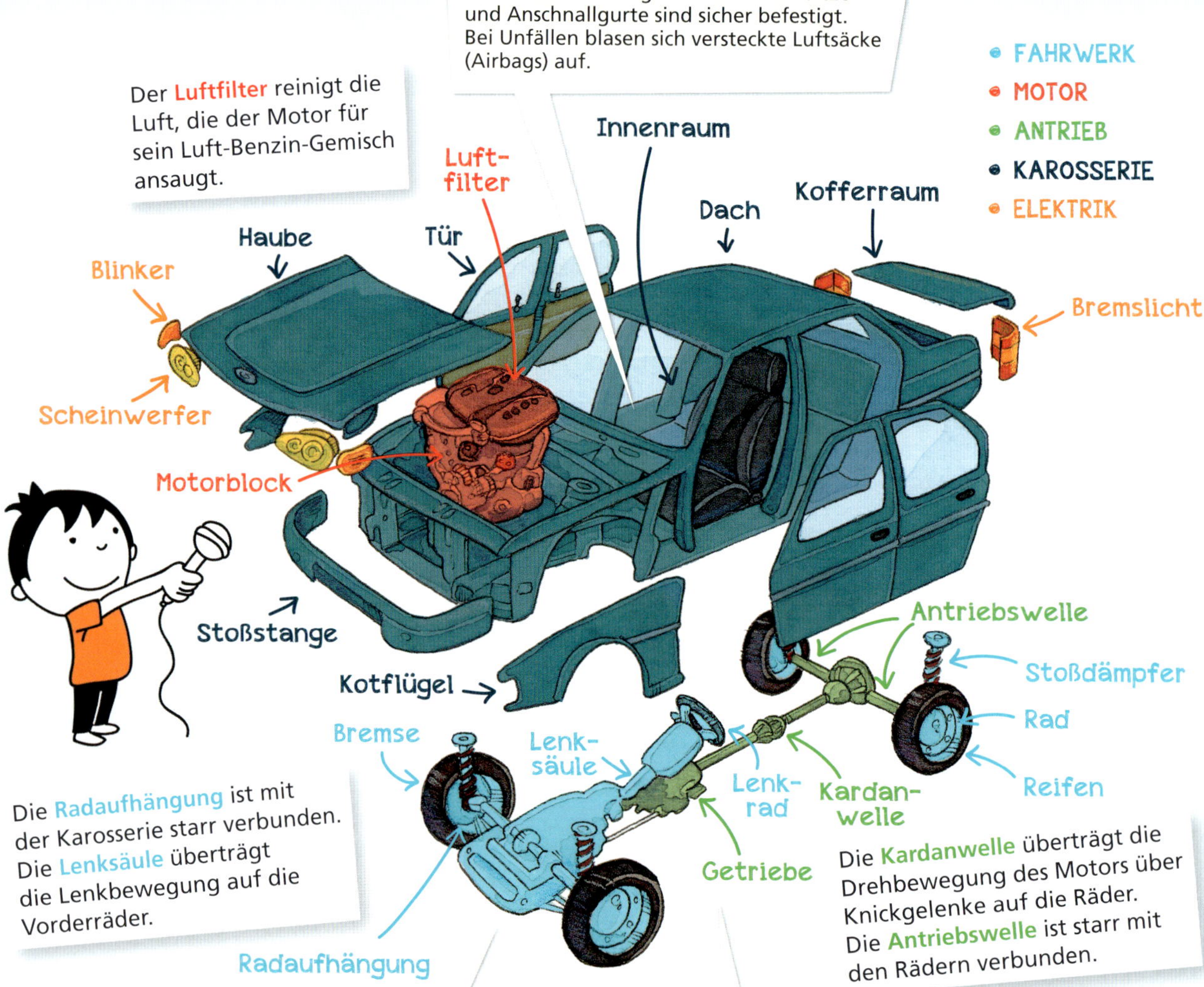

Die Radaufhängung ist mit der Karosserie starr verbunden. Die Lenksäule überträgt die Lenkbewegung auf die Vorderräder.

Die Kardanwelle überträgt die Drehbewegung des Motors über Knickgelenke auf die Räder. Die Antriebswelle ist starr mit den Rädern verbunden.

Fahrwerk: Meine Räder bringen das Auto ins Rollen. Damit die Leute drinnen nicht so durchgeschüttelt werden, federn Stoßdämpfer die Löcher und Hubbel der Straße ab. Wenn es um die Kurve geht, dreht die Lenkung die Vorderräder nach links oder rechts. Bremsen stoppen die Räder.

Antrieb: Wenn der Fahrer „schaltet", greifen in meinem **Getriebe** verschiedene Zahnräder ineinander. Grundsätzlich drehen sich kleine Zahnräder schneller als große. Bei mir bestimmen mehrere Zahnradpaare, wie die Drehkraft des Motors auf die Räder übertragen wird. Je nachdem, ob das Auto langsam oder schnell fährt, wird die Kraft von kleinen Zahnrädern auf große „übersetzt" oder umgekehrt. Stangen, die um sich selbst drehbar sind (**Kardan- und Antriebswelle**), geben die Drehkraft an die Räder weiter.

Fahren ist Teamarbeit.

- FAHRWERK
- MOTOR
- ANTRIEB
- ELEKTRIK

Motor: Ohne mich läuft gar nichts! Ich bin das „Herz" und die „Muskelkraft" eines Autos. Um arbeiten zu können, schlucke ich Benzin- oder Diesel-Kraftstoff. Manche meiner Kollegen nutzen zusätzlich auch noch starken elektrischen Strom (Mehrfachantrieb: **„Hybrid"-Antrieb**). Je mehr Kraftstoff ich bekomme, desto mehr Drehkraft erzeuge ich. Dabei entstehen Abgase, die ein **Katalysator** reinigt. **Schalldämpfer** machen den Abgas-Lärm leiser.

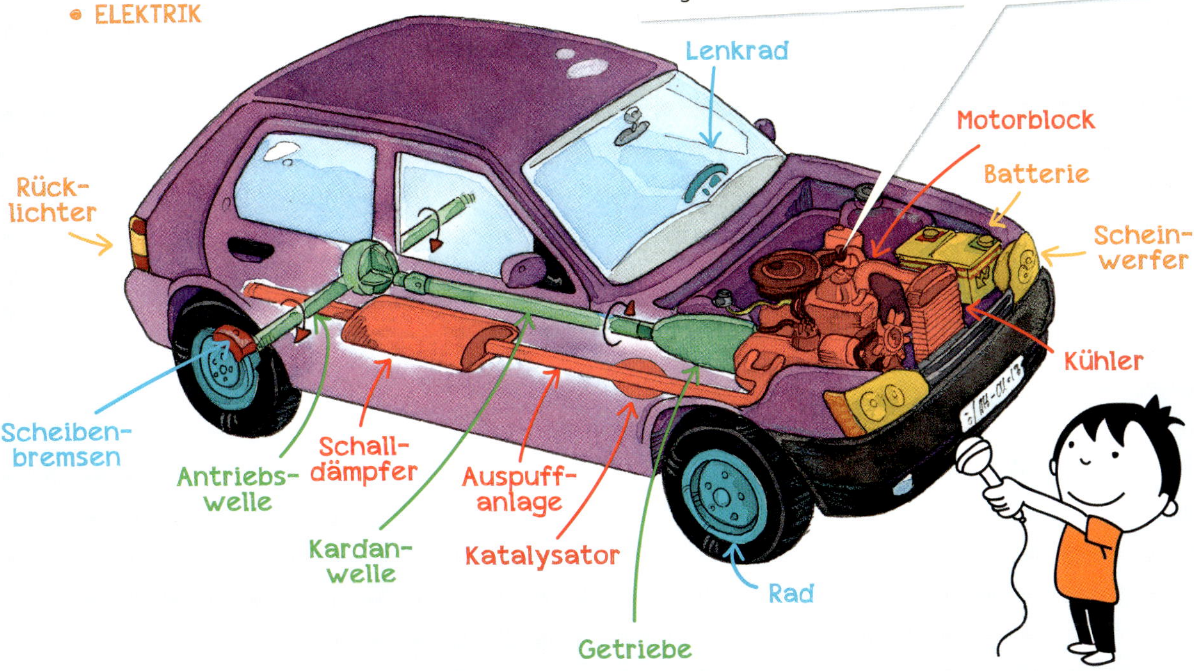

So sieht's der Fahrer: Knöpfe, Pedale und Hebel im Innenraum.

Elektrik/Elektronik: Navigationssystem, Blinker, Scheibenwischer? Alles meine Sache. Das meiste, was sich über die Armaturen bedienen lässt, funktioniert mit schwachem elektrischem Strom aus der Batterie. Sie wird während der Fahrt immer wieder aufgeladen (Akkumulator). Wenn der Motor neu startet, kriegt er aus der Batterie einen kurzen Stromstoß.

- FAHRWERK
- MOTOR
- ANTRIEB
- ELEKTRIK/ELEKTRONIK

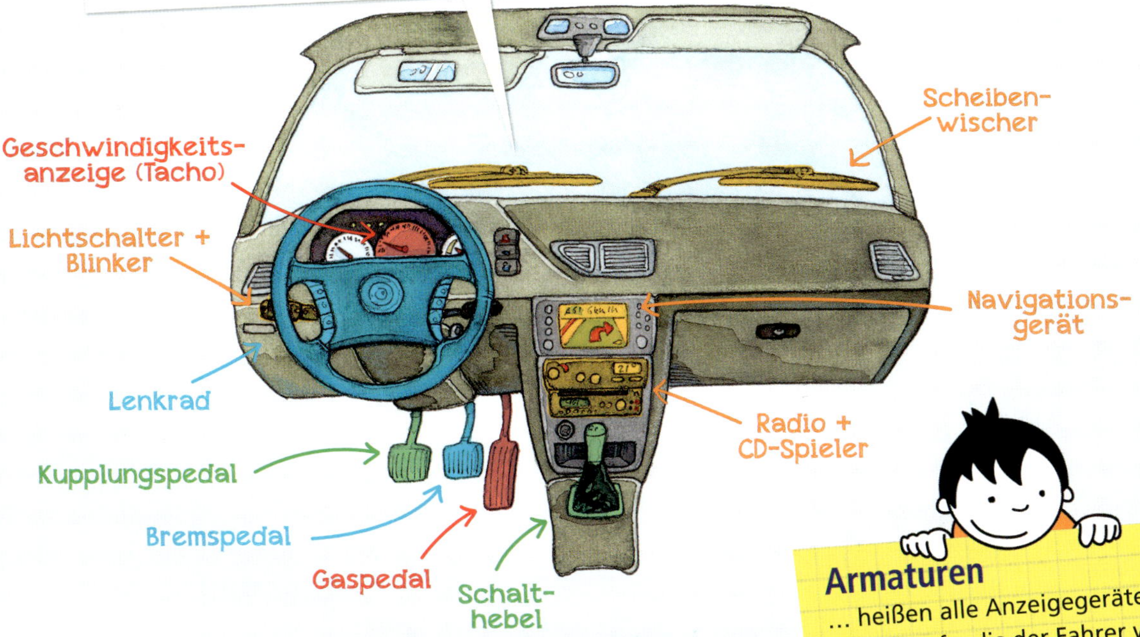

Armaturen

... heißen alle Anzeigegeräte, Hebel und Knöpfe, die der Fahrer während der Fahrt nutzt und bedient.

ZÜNDENDE IDEEN

Wer überlegt sich neue Auto-Modelle?

Wünsch dir was!

Stell dir vor, deine Eltern wollen sich ein neues Auto kaufen. Worauf werden sie bei der Auswahl achten? Möchten sie mit dem neuen Auto schnell oder eher gemütlich fahren? Passt notfalls auch mal dein Fahrrad in den Kofferraum? Soll der Wagen dunkelgrau sein oder vielleicht knallgrün? Firmen, die Autos bauen, nehmen auf alle diese Wünsche Rücksicht. Sie sind sogar ganz wild darauf, sie zu erfahren!

Fragen über Fragen

Marktforscher versuchen herauszufinden, welche Autos in Zukunft gebraucht werden. Im Internet zum Beispiel befragen sie möglichst viele Autofahrer. Die Wünsche, die am häufigsten genannt werden, versucht die Firma zu erfüllen. Erfahrene Autobauer schreiben auf, was das neue Modell alles können soll und wie es aussehen könnte.

Trotz aller Technik: Die Entwürfe zeichnen die Designer auf ein Blatt Papier.

Aber dann hilft der Computer: Designer an einem CAD-Arbeitsplatz. CAD bedeutet „Computer Aided Design", Computer-unterstützte Gestaltung.

Jede Menge Technik

Ingenieure und Techniker entwickeln den passenden Motor, das beste Getriebe und ein gutes Fahrwerk. Sie planen, welche Scheinwerfer das neue Auto haben soll, welche Batterie sich am besten eignet und vieles mehr. Anschließend fügen sie sämtliche technischen Bauteile am Computer zusammen. Das ist ein kompliziertes 3D-Puzzle, denn alles muss später unter der Karosserie und den Sitzen verschwinden.

Karosserie

… nennt man Kabine und Hauben des Autos mit ihren Blech- und Kunststoffteilen.

Mit Knete und Computer

Währenddessen haben **Zeichner** in der **Design**-Abteilung zu ihren Stiften gegriffen und Entwürfe für die Karosserie zu Papier gebracht. Danach formen Gestalter kleine Modelle aus Plastilin, einer Art Knete, die sich ähnlich wie Ton verarbeiten lässt. Das echte Auto wird am Ende viermal so groß sein wie die Modelle. Um sie im Computer bearbeiten zu können, tasten die Designer sie elektronisch ab.

Das Design

… eines Produktes ist seine äußere Form. Sie soll schön und praktisch sein.

Tüfteln und Spachteln

Techniker und Designer stimmen jetzt das Innenleben und die Karosserie aufeinander ab. Auf großen Papierbahnen zeichnen sie das Auto in Originalgröße und verändern es, bis alles passt. Ihre obersten Chefs wählen dann aus verschiedenen Design-Entwürfen den besten aus. Von diesem wird nun ein **Clay-Modell** (sprich: „Kläi"), ein Plastilin-Entwurf in Originalgröße, angefertigt.

Modell im Rampenlicht

Jetzt kommen wieder die zukünftigen Käufer ins Spiel: Autofahrer, die in der Nähe der Firma wohnen, werden wie zu einer Modenschau eingeladen, um das Clay-Modell genau zu beurteilen. Was gefällt ihnen und was nicht? Was wünschen sie sich zusätzlich? Auch Entwürfe der Innenausstattung bekommen sie zu sehen. Erst dann wird ein **Prototyp** gebaut: das erste richtige Auto! Aber kaufen kann es noch niemand. Als Nächstes stehen viele, viele Tests auf dem Programm.

Ran an die Knete: Bis alle Details endgültig feststehen, müssen die Autoentwickler lange planen.

Der Rennsportwagen Mercedes-Benz 300 SL (rechts) wurde 1952 gefahren. Der hintere Wagen ist ein Prototyp von 1953. Er wurde nicht umgesetzt.

Das gibt's noch gar nicht!

Ein Erlkönig: Niemand soll wissen, wie das neue Auto aussieht, bevor es auf den Markt kommt – vor allem nicht andere Autobauer.

Vom Testwagen zum echten Auto

Süddeutschland, im Herbst 2013

Da! Was war das denn? In der Dämmerung braust ein seltsamer Wagen über die Autobahn. Die schwarze Karosserie ist fast vollständig mit breiten Klebebahnen abgedeckt. Klare Sache: das ist ein „**Erlkönig**". Sein Aussehen ist noch streng geheim! Ein Testfahrer probiert den Wagen zum ersten Mal aus.

Ein „Erlkönig"
... ist ein **Prototyp**, ein von Hand angefertigtes Testauto. Für Fahr- und Materialtests werden immer mehrere Prototypen im Labor gebaut.

Eisgekühlt zu Schrott fahren

Alle Bauteile und Materialien der Testautos müssen gründlich geprüft werden. Die meisten dieser Untersuchungen finden nicht auf der Straße, sondern in großen Labors statt. Hier verkleiden die Autobauer ihre Prototypen natürlich nicht extra als Erlkönige. Auf dem Teststand für Fahrsimulation wird das neue Automodell wie auf einer Rennstrecke durchgeschüttelt.

In Wind- und Klimakanälen muss es Wind und Wetter überstehen: Wie hoch steigt der Benzinverbrauch bei starkem Gegenwind? Wie gut hält die Karosserie Eisregen und Sandstürme aus? Vielleicht will ja später jemand das Auto im hohen Norden oder in der Wüste Sahara fahren. Die Autobauer können jede Wetterlage künstlich erzeugen. Zum Schluss kommt der Crashtest: das Test-

Die Karosserie soll dem Fahrtwind möglichst wenig Widerstand bieten. Im Windkanal zeigt sich, ob das klappt.

Auch ein Cabrio muss arktische Verhältnisse überstehen. Getestet wird das im Klimakanal.

Ein **Crashtest** wird in Zeitlupe gefilmt. In dem Video kann man genau erkennen, wie sich jedes einzelne Bauteil bei einem Unfall verhält.

Im Sound-Labor: Jedes Geräusch muss angenehm klingen und zum Auto passen. Autos, die besonders komfortabel sein sollen, bekommen z. B. sehr leise und weiche Geräusche.

auto wird mit Karacho gegen die Wand gefahren! Mit großen Puppen prüfen die Ingenieure, wie gut die Menschen im Innenraum bei einem Unfall geschützt sein werden.

Weich, duftend, schön

Designer gestalten das neue Auto. Sie müssen auf jede Kleinigkeit achten, denn es soll sich gut anfühlen, angenehme Geräusche machen, schön aussehen …
Modedesigner ermitteln, welche Farben gefragt sind: kühles Silber oder doch lieber warmes Kaffeebraun für den Außenlack? Elegantes Schwarz oder besser ein Beige mit roten Pünktchen für die Innenpolsterung? Fühldesigner wählen die Kunststoffoberflächen, Polsterstoffe und Leder aus. Duftdesigner achten darauf, dass alle diese Materialien gut riechen. Über 1000 verschiedene Düfte vermischen sich in einem neuen Auto!

Geräuschdesigner arbeiten im Sound-Labor. Sie hören sich alle Geräusche an, die ein Auto macht: das Motorenbrummen, das Klacken der Türgriffe, das Schließen der Tür, das Klicken des Blinkers. Alles, was nicht perfekt klingt, muss technisch verändert werden.

Gefährlicher Namen-Dschungel

Bis zum Schluss überlegt die **Marketing-Abteilung**, wie sie für das neue Auto werben will. Besonders wichtig: Wie soll es heißen? Ein Name muss sich schnell einprägen und in vielen verschiedenen Sprachen gut klingen. Der Name ‚e-tron' war zum Beispiel keine gute Idee für ein Automodell. Auf Französisch heißt étron: Sch… ääh … Kothaufen.

Autonamen

… werden nach festen Regeln vergeben. Der Autobauer steht immer an erster Stelle. Danach folgt der Modellname, der entweder ein Wort sein kann oder aus Zahlen und Buchstaben besteht. Die Autos heißen dann zum Beispiel „VW Golf", „Toyota Auris" oder „Audi TT".

Immer wieder neu: Drei Generationen des Modells Golf von VW. Das Design ist windschnittiger geworden. Die neueren Autos verbrauchen weniger Kraftstoff und wirken sportlicher.

Voll automatisch

GESCHICKTE ROBOTER IN DER FABRIK

Die Qual der Wahl

Rot oder lieber Blau? Ledersitze oder Stoff? Wenn man ein neues Auto bestellt, kann man es sich nach seinen Wünschen zusammenstellen: Marke, Modell, Farbe, Motor und auch Sonderausstattungen wie Klimaanlage, Regensensor oder Einparkhilfe. Der Autohändler gibt alle Wünsche in einen Computer ein. Die Bestellung wird dann automatisch an den Hersteller geschickt. Dort werden die unterschiedlichen Einzelteile hergestellt oder bei den Zulieferfirmen bestellt. Wenn alle Teile bereitliegen, bauen Arbeiter und Roboter das Auto an einem einzigen Tag zusammen.

Morgens im Presswerk: Mit Getöse!

Die meisten Teile eines Autos bestehen aus starkem Blech. Arbeiter an großen Maschinen stanzen Boden, Dach, Seitenteile, Türen und die Motorhaube aus und pressen die ursprünglich flachen Bleche in gewölbte Formen. Manche Arbeitsgänge übernimmt eine Computersteuerung. Arbeiter fahren die geformten Bleche mit Gabelstaplern zur Produktionsstraße.

1. BLECHE BIEGEN UM ACHT

2. TÜREN DRAN UM ELF

Roboter allein zu Haus

Kein Mensch weit und breit in der großen Produktionshalle – an dem langen Fließband arbeiten nur Industrieroboter. Sie verschrauben und verschweißen alle Metallteile fest miteinander. So entsteht die Karosserie. Die Roboter haben Schwenkarme mit Werkzeugen an der Spitze. Jeder „Handgriff" wurde ihnen einprogrammiert. Hier bauen sie die Türen an.

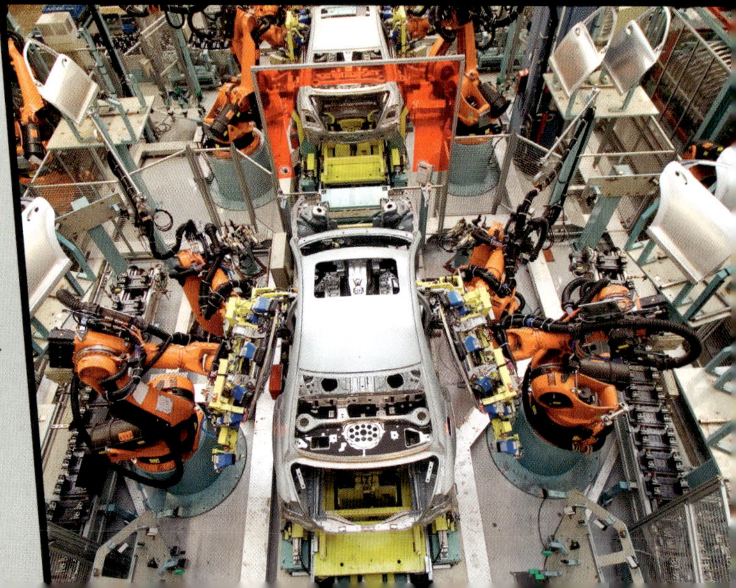

Die Lackiererei: Sprayer am Werk
Silber, schwarz, rot oder blau – in der Lackiererei wird die Karosserie mit der Farbe eingesprüht, die sich die einzelnen Käufer gewünscht haben. Auch hier sind keine Menschen zu sehen, nur von außen überwachen Arbeiter die Sprüh-Roboter, denn der Raum muss staubfrei sein.

3. FARBE AM MITTAG

Endlich vereint
„Hochzeit" nennen die Autobauer den Schritt in der Herstellung, wenn der Motor und das Getriebe in die Karosserie eingebaut werden. Das ist ein spannender Moment: Endlich kann jeder sehen, dass alle Teile perfekt zusammenpassen!

4. HEIRATEN ZUR KAFFEEZEIT?

Fertig!
Ein fertiges Auto läuft vom Band. Sein zukünftiger Besitzer wird sich freuen, alle seine Wünsche sind in Erfüllung gegangen. Denn die Computer in der Produktionsstraße wissen genau, welche Innenausstattung, welche Räder, welche Verkleidung und so weiter zu welchem Auto gehören.

So sah die Produktion des Ford Model T vor etwa 100 Jahren aus.

5. FEIERABEND MIT NEUWAGEN

Bloodhound SSC soll den nächsten Geschwindigkeitsrekord aufstellen: rund 1610 km/h.

Einfach UNGLAUBLICH

Die spannendsten Weltrekorde

Black-Rock-Desert, USA, 15. Oktober 1997

In der flimmernd heißen Luft wartet das Raketenauto **Thrust SSC** auf seinen großen Einsatz. Es soll das schnellste Landfahrzeug aller Zeiten werden! Ein ausgetrockneter Salzsee mitten in der Wüste bietet reichlich Platz und ist glatt wie ein Spiegel – gute Bedingungen für einen Rekordversuch.
Der englische Militärpilot Andy Green steigt ein und startet die Triebwerke, das Raketenauto schießt davon. Nach 10 Kilometern durchbricht es mit einem gigantischen Knall die Schallmauer. Danach erreicht es für den Bruchteil einer Sekunde die Höchstgeschwindigkeit von 1227,99 Stundenkilometern. Das ist neuer Weltrekord!
Jetzt heißt es abbremsen. Zwei Schirme erledigen diesen Job. Nach weiteren zehn Kilometern kommt Thrust SSC zum Stehen.

Seit 1997 das schnellste Auto der Welt: Thrust SSC. Raketenautos können nur geradeaus fahren.

Dank Düsenantrieb die Schnellsten

SSC steht für Supersonic Car: Überschallauto. Raketenautos haben keinen Benzinmotor, sondern Turbinen-Stahltriebwerke wie Düsenflugzeuge. Nach ihrem Einsatz kommen sie ins Museum. Den nächsten Geschwindigkeitsrekord wird vermutlich ein noch moderneres Raketenauto namens **Bloodhound SSC** fahren. Das „Bluthund-Überschallauto" hat nicht weniger als 135 000 PS und soll eine Geschwindigkeit von etwa 1610 Stundenkilometern erreichen.

Geölte Blitze für die Straße

Die Geschwindigkeitsrekorde unter den verkehrstauglichen Straßenwagen halten gleich zwei Sportwagen. Der **Bugatti Veyron 16.4 Super Sport** erreichte im Sommer 2010 mit 431 Stundenkilometern die Höchstgeschwindigkeit für Straßenautos. **Hennessey Venom GT** schaffte es Anfang 2013 am schnellsten aus dem Stand auf 300 Stundenkilometer. Für diese Beschleunigung brauchte er nur 13,63 Sekunden.

Hennessey Venom GT, von 0 auf 300 in knapp 14 Sekunden. Wie oft man diese Rekordleistung wohl an der Kreuzung brauchen kann?

Der **Peel P 50** hat neuerdings einen Rückwärtsgang. Früher musste er an einem Griff in die Parklücke gezogen werden.

Wenn der US-Präsident im Ausland Staatsbesuche macht, fliegt „The Beast" in einem großen Militärflugzeug mit.

Klein, kleiner, Peel

Peel P 50, so heißt das kleinste Auto, das jemals in Serie hergestellt wurde. Mit 1,34 Metern ist es nicht länger als ein neunjähriges Kind. Er hat nur einen einzigen Sitzplatz. Peel wurde von 1962 bis 1964 auf einer kleinen Insel zwischen England und Irland gebaut. Heute gibt es P 50 wieder! Der Benzintank fasst gerade mal acht Liter. In einen normalen Pkw-Tank passen ungefähr 50 Liter hinein.

Filmreif – die längste „Stretchlimo"

Der Autobauer Jay Ohrberg stellt Spezialanfertigungen für Hollywood-Filme her. Vor einigen Jahrzehnten bekam er den verrückten Auftrag, das längste Auto der Welt zu bauen. Mit 30,5 Metern ist es über sechsmal so lang wie ein normales Familienauto. Es rollt auf 26 Rädern. Der Wagen, der zwar fahren kann, aber um keine Kurve kommt, besitzt als „kleine Extras" einen Swimmingpool und einen Hubschrauberlandeplatz.

Sicherer geht's nicht

Mit Blaulicht nähert sich eine Wagenkolonne. Noble, schwarz lackierte Autos mit getönten Scheiben rollen über die abgesperrte, sechsspurige Straße. Im mittleren Wagen sitzt der amerikanische Präsident. Sein **Cadillac Number One** ist das berühmteste Panzerauto der Welt. Weil es so groß und schwer ist, wird es „das Tier", „The Beast" genannt. Die Stahlplatten in seinen Wänden sind mehrere Zentimeter dick, dahinter liegen Matten aus hochfestem Kunststoff, um Kugeln oder Bombensplitter abzuwehren. Sollte „The Beast" mal ins Wasser fallen, kann ein bordeigenes Sauerstoffsystem den Präsidenten eine Stunde lang mit Luft versorgen.

Limousine

… heißt ein geschlossenes Auto mit festem Dach für vier bis sechs Personen. Besonders lange Autos werden **Stretchlimousinen** genannt. „To stretch" ist Englisch und bedeutet: sich strecken.

American Dream 100 feet heißt das längste Auto der Welt. 100 Fuß entsprechen 30,5 Metern.

Kühler Kopf und heiße Reifen

Ein Interview mit Sebastian Vettel

Sebastian Vettel

Geburtstag:	3. Juli 1987
Größe:	1,74 m
Gewicht:	70 kg in Rennfahrermontur
Training:	6–8 Std. pro Tag
Rennen:	freitags 3 Std., samstags 2 Std., sonntags 90 Min.
Auto 2012:	Red Bull RB8, Spitzname „Abbey“
Rennstall:	Red Bull Racing

Er ist nicht einfach irgendein Rennfahrer. In der Saison 2010 wurde der Formel-1-Pilot Sebastian Vettel der jüngste Weltmeister aller Zeiten. 2011, 2012 und 2013 gewann er den Titel gleich noch mal.

Explorer: Sebastian, worauf kommt es bei einem Rennen an?
Sebastian: Auf einen guten Start, eine gute Strategie, ein schnelles Auto und volle Konzentration.

Explorer: Was ist ein guter Start?
Sebastian: Das Qualifying ist entscheidend. Meistens findet dieses Rennen am Samstag um ein oder zwei Uhr statt. Der schnellste Fahrer startet dann am Sonntag von der Pole-Position. Vorteil: Du stehst ganz vorne und hast deshalb die besten Chancen auf den Sieg.

Australien 2013: Die anderen Fahrer sind Sebastian auf den Fersen.

Schnell: Müssen im Rennen die Reifen gewechselt werden, zählt jede Sekunde!

Sebastian hat gewonnen, schon wieder. Diesmal im April 2013 in Bahrain.

Explorer: Wozu sind die vielen Knöpfe und Schalter an deinem Lenkrad da?
Sebastian: Das Lenken ist die Basis. Dann befinden sich hinten zwei Wippen. Damit schalte ich die Gänge. Wir haben sieben! Außerdem gibt es noch eine Menge Knöpfe für andere Dinge. Ich kann zum Beispiel vorne und hinten unterschiedlich bremsen.

Explorer: Wer kümmert sich um deinen Rennwagen?
Sebastian: Beim Boxenstopp wechseln meine Mechaniker die Reifen in drei Sekunden. Sie müssen sehr gut sein, sonst hast du keine Chance gegen die anderen. Formel 1 ist ein Mannschaftssport. Die Ingenieure entwickeln immer neue Teile für das Auto. Wir Fahrer sagen ihnen ständig unsere Meinung zum Fahrverhalten und sie hören ganz genau zu.

Explorer: Einen Formel-1-Wagen steuern ist doch so ähnlich, als würde man stundenlang Achterbahn fahren. Wie trainierst du dafür?
Sebastian: Sehr hart. Im Winter, wenn keine Rennen stattfinden, mache ich Krafttraining, lange Läufe und fahre Rad. Damit werden die Muskeln aufgebaut, die man als Formel-1-Pilot am dringendsten braucht: Hals-, Nacken-, Schulter- und Beinmuskeln. Während der Rennsaison trainiere ich auch viel, aber nicht so anstrengend.

In einem Formel-1-Wagen ist es wirklich eng.

Explorer: Hast du Angst vor Unfällen?
Sebastian: Im Cockpit hat man keine Zeit, an einen möglichen Unfall zu denken. Wichtig ist, dass man den Respekt nie verliert und immer hoch konzentriert bleibt.

Explorer: Wie bist du eigentlich Rennfahrer geworden?
Sebastian: Mit drei Jahren bin ich im Kart in unserem Hinterhof auf und ab gefahren und mein Vater hat mich zu Rennen mitgenommen. Später, als ich selbst Rennen fahren durfte, war ich erfolgreich und es hat immer noch tierischen Spaß gemacht. Deshalb habe ich irgendwann mein ganzes Leben diesem Ziel untergeordnet: mit den schnellsten Autos der Welt fahren zu können. Zum Glück hat es geklappt.

Der Red Bull RB8 – Schnelligkeit und Sicherheit

Die Sitzschale im Cockpit ist genau an den Körper des Fahrers angepasst. Auch der Kopf kann bei einem Unfall nicht herumgeschleudert werden.

Andere LÄNDER, andere AUTOS

Wie wär's mit etwas Abwechslung?
Viele Automarken und Modelle kann man in Amerika, China oder Arabien genauso wie bei uns in Europa finden. Aber das gilt nicht für jedes Auto. In manchen Ländern sind ganz besondere Fahrzeuge unterwegs …

Was in anderen Ländern so herumfährt

Der Ford F-100 ist der beliebteste Pick-up in den USA. Dieses Modell wurde 1966 gebaut.

USA – groß ist schön

US-Amerikaner besitzen weltweit die meisten Autos: rund 130 Millionen. Die weiten Wege durch ihr riesiges Land legen viele gerne in bequemen, schweren Limousinen zurück. Auch Pick-ups, Geländewagen mit Ladefläche, sieht man in den USA sehr häufig.

Hoffentlich hält dieser schicke Schlitten noch lange durch.

Kuba – alt ist schick

Kuba liegt vor der Küste der USA. Auf der Insel fand im Jahr 1959 eine Revolution statt. Die Regierung wurde gewaltsam gestürzt. Der neue Staatschef wollte alles anders machen, als es vorher war. Unter anderem verbot er, neue Autos zu kaufen oder zu verkaufen. Das galt besonders für alle Modelle aus den USA. Darum fuhren die Leute immer weiter in den großen amerikanischen „Straßenkreuzern", die schon vor 1959 im Land waren. Durch die kubanische Hauptstadt Havanna rollen sie heute noch.

Indien – klein, aber mein

Sieben Milliarden Menschen gibt es auf der Erde und jeder sechste von ihnen wohnt in Indien. Viele von ihnen haben wenig Geld zur Verfügung, aber möchten gern ein Auto fahren. Seit 2008 gibt es den **Tata Nano.** Das Miniauto ist nur drei Meter lang und darum gut für Indiens überfüllte Straßen geeignet. Es braucht vier Liter Benzin auf 100 km und ist für umgerechnet 2000,– Euro zu haben. So viel kostet bei uns ein großes Sofa.

Bislang wird der Mobius erst in kleinen Stückzahlen hergestellt.

Kenia – Hauptsache robust

Durch Afrika führen viele holprige Schotterpisten, auf denen Autos fahren, die viel aushalten können. In Kenia wurde der **Mobius Two** entwickelt, ein einfacher, offener Geländewagen. Er kostet so viel wie ein günstiges Auto bei uns: umgerechnet etwa 7500,– Euro. Das Auto ist langlebig und leicht zu reparieren.

Jeepneys gehören zu den wichtigsten Transportmitteln auf den Philippinen.

Philippinen – praktisch und bunt

Jeepney heißen Kleinbusse, die es auf den philippinischen Inseln zu bestaunen gibt. Die farbenfrohen Busse waren ursprünglich amerikanische Militärautos mit Ladefläche, die einheimische Mechaniker in kleinen Hinterhofwerkstätten verlängerten und mit einem Dach versahen. Philippinische Firmen bauen sie heute noch. Bis zu 14 Menschen können mitfahren.

Dieser Bulli-Besitzer mag sein Auto wirklich sehr.

Brasilien – schlafen und fahren

Der **VW T2 Combi**, „Bulli" genannt, stammt ursprünglich aus Deutschland und war als Campingbus und Kleintransporter bis in die 1970er Jahre heiß begehrt. Auf europäischen Straßen sind inzwischen andere Modelle unterwegs, aber in Brasilien wird der Campingbus mit Gardinen bis heute viel gefahren. Dort baute VW ihn bis ins Jahr 2013.

Manchmal schaukeln auch bei uns noch solche Enten über die Straßen.

Frankreich – watscheln statt rasen

Neben vielen neuen Autos fährt in Frankreich auch ein Modell, das liebevoll „Ente" genannt wird. Eigentlich heißt es **Citroën 2CV**. Seine Produktion wurde 1990 eingestellt. Trotzdem sieht man die kugelige „Ente" noch öfters auf den französischen Straßen.

Schlau gegen Stau

Stau auf der Autobahn. Das kann dauern ...

Ameisen geraten selten in einen Stau. Wie machen sie das?

Was machen Verkehrsforscher?

Was haben Autos mit Ameisen gemeinsam?

Nicht viel, aber immerhin: Beide bewegen sich auf Straßen fort. Ameisen laufen in Kolonnen, um sich nicht zu verlieren. Mit Hilfe besonderer Duftstoffe halten die Krabbeltiere einander auf Abstand und regeln ihr Lauftempo gemeinschaftlich. So gibt es keinen Ameisen-Stau und keine Zusammenstöße. Wir Menschen können ja leider keine süßen Düfte absondern, die den Verkehr regeln. Das ist vielleicht auch besser so ... Aber wie können wir dann Staus verhindern?

Warum staut sich der Verkehr?

Die Straßen sind inzwischen so voll, dass jeder Autofahrer im Durchschnitt 60 Stunden pro Jahr im Stau steht: Am Stück wären das drei Tage und zwei Nächte. Stauforscher haben herausgefunden, dass es viele Gründe dafür gibt. Fährt nur einer langsamer als die anderen, bremst er die Autos hinter sich aus. Wer schneller vorankommen will und von einer Lücke zur anderen die Spuren wechselt, zwingt die Nachfolgenden ebenfalls zum Bremsen: Hinter dem, der es allzu eilig hatte, staut sich der Verkehr.

Sprechende Schilder

Um Staus zu vermeiden, haben Stauforscher sogenannte **Verkehrsleitsysteme** aufgebaut. Das sind die elektronischen Schilder über Autobahnen, die anzeigen, wie schnell alle fahren sollen. Je nach Verkehrssituation ändern sich die eingeblendeten Geschwindigkeiten. Auch wenn nicht alle Spuren befahren werden dürfen, blenden die elektronischen Tafeln Pfeil-Symbole ein, die den Autofahrern früh anzeigen, dass sie die Spur wechseln sollen. Messanlagen unter dem Asphalt messen ständig, wie viele Autos in welchem Tempo und mit welchem Abstand zueinander unterwegs sind. Diese Informationen werden an Computersysteme gefunkt, die dann die optimale Fahrgeschwindigkeit errechnen und an die Schilder weitergeben.

Verkehrsleitsystem mit elektronischen Anzeigetafeln: Das Tempolimit wird der Lage auf der Straße angepasst.

Strecken zuweisen

Neben dem Bordcomputer in jedem Auto könnte man auch ein übergeordnetes **Verkehrs-Computer-Netz** einrichten, mit dem Autos in Zukunft so reibungslos vorankommen könnten wie die Ameisen. Jedem Bordcomputer würde per Funk eine persönliche Fahrstrecke zugewiesen (**Car-2-X**). So könnte sich der Verkehr gleichmäßig auf mehrere Strecken verteilen. Erste Systeme für Car-2-Car- und Car-2-X-Verständigung gibt es vielleicht schon bald.

Die Zukunft: Autos reden miteinander

In sehr dichtem Verkehr wäre es noch besser und sicherer, wenn die Autos ihre Geschwindigkeiten selbstständig aufeinander abstimmen könnten. Mit einem **Autopilot-System** ist es schon heute möglich, dass ein Computer für den Autofahrer lenkt und aufs Gaspedal „tritt". Hersteller wie Mercedes, BMW oder Audi haben bereits entsprechende Modelle gebaut. Wenn alle Autos solche Computer hätten, könnten sie ihre optimale Geschwindigkeit in der Kolonne untereinander regeln – per Funk und automatisch. Dieses System wird derzeit unter dem Namen **Car-2-Car**, Auto-zu-Auto-Leitsystem, erforscht.

Der Computer fährt, der Fahrer überwacht nur noch. Vielleicht wird es irgendwann so sein.

Car-2-Car-Kommunikation bedeutet, dass die Autos über intelligente Bordcomputer miteinander Kontakt aufnehmen können. Hier warnt das vordere Auto das Auto, das von rechts kommt: Ein Kind wird gleich die Straße überqueren.

Lernen von der Natur: Ein kleiner **Baumfrosch aus Mittelamerika** zeigt, wie's geht.

Autoreifen mit Waben-Lamellen-Profil
Durch die wabenförmige Strukturen haftete dieser Reifen von 1999 fast so gut auf glatten Flächen wie Rodrigos Füße.

Fischmobil und Nanohaut

Bionik – Abgucken von der Natur

Sie geben U-Booten die Form von Pinguinkörpern. Sie nehmen die Klettfrucht unter die Lupe und erfinden den Klettverschluss. Sie machen Waschmaschinentrommeln mit dem Muster von Bienenwaben stabiler. Wer das alles kann? Die Bioniker!
Von Bionik spricht man, wenn Ingenieure, die Bioniker genannt werden, technische Erfindungen nach dem Vorbild der Natur entwickeln. Leonardo Da Vinci, der berühmte Maler und Forscher, studierte schon vor 500 Jahren Pflanzen und Tiere. Er erfand zum Beispiel bionische Fluggeräte mit beweglichen Flügeln. Auch moderne Autobauer nutzen biologische Techniken.
Wir sprachen mit einem Frosch, der sich auskennt:

Explorer: Guten Tag, Herr Baumfrosch. Wie ich gehört habe, waren vor etwa 15 Jahren Ihre Füße das Vorbild für ganz neue Autoreifen. Ist das wahr?
Rodrigo: Hey, mein Name ist Rodrigo, claro?
Explorer: Vielen Dank für den Hinweis, Herr Rodrigo …
Rodrigo: Ich bin ein Frosch, das ist richtig. Aber keiner von der Sorte, die sich alles gefallen lässt, claro? Ich will Bezahlung haben für meine Füße!

Explorer: Aber Sie haben doch Ihre Füße noch, ich meine …
Rodrigo: Ich gebe zu, es waren die Füße meines Onkels, Bioniker haben vor allem seine Zehen untersucht – viele Stunden lang mit einem besonderen Gerät, wie hieß es noch gleich?

Explorer: Elektronen-Rastermikroskop?
Rodrigo: Ja, das war's. Sie wollten unbedingt wissen, warum er an einer glatten Glasscheibe hinaufklettern kann. Mit diesem Dingsda sahen sie lauter wabenförmige Muster an seinen Zehen. Die gleichen Muster übertrugen sie auf einen Winterreifen, der auf vereisten

Straßen nicht mehr wegrutscht. Okay, die Füße meines Onkels wurden nicht verletzt. Okay, er hat gut zu fressen bekommen dafür. Aber irgendwie waren es doch auch meine Geheimnisse, die sie ihm geklaut haben, oder? Gib mir eine Milliarde Euro und wir sind quitt.

Explorer: Na ja – Ihr Onkel war nicht das einzige Vorbild aus der Natur, Herr Rodrigo. Bioniker beobachten ja viele Tiere. Es gab da so einen Fisch …

Rodrigo: Ojaja, der Kofferfisch. Ein ganzes Auto sieht so aus wie er. Das Mercedes-Bionic-Car ist dem kleinen Kerl wie aus dem Gesicht geschnitten. Sieht ein bisschen seltsam aus, wenn du mich fragst, aber im Windkanal ist es äußerst strömungsgünstig, wie der Fisch im Wasser eben. Die Bioniker von Mercedes haben auch die Leichtbauweise des menschlichen Oberschenkelknochens nachgemacht. Pssst: Dieses Geheimnis kostet zwei Milliarden.

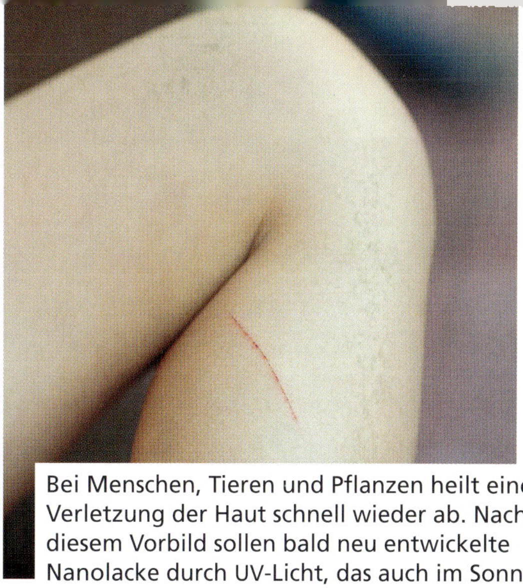

Bei Menschen, Tieren und Pflanzen heilt eine Verletzung der Haut schnell wieder ab. Nach diesem Vorbild sollen bald neu entwickelte Nanolacke durch UV-Licht, das auch im Sonnenlicht enthalten ist, Risse selbstständig „heilen".

Explorer: Ääh …

Rodrigo: Oder was anderes: selbstheilende Nanolacke. Ganz heiße Ware! Die bilden eine Schutzschicht für Autos. Kratzer in der Oberfläche verschwinden damit ganz von selbst im Sonnenlicht. Winzig kleine Teilchen, sogenannte Nanoteilchen, bewegen sich in dem Lack und verschließen die beschädigte Stelle. Etwas Ähnliches passiert auch in der Haut der Tiere und Pflanzen hier im Dschungel. Dieses Geheimnis kostet drei Milliarden.

Explorer: Aber das ist doch …

Rodrigo: Na gut, eineinhalb.

Explorer: Ausgeschlossen.

Rodrigo: Okäääy, dann gib mir eben was Leckeres zu futtern.

Am Körper des Kofferfisches strömt das Wasser besonders leicht vorbei.

Beim Kofferfisch abgeguckt: Bionic-Car von Mercedes Benz

Der Querschnitt durch einen menschlichen Oberschenkelknochen zeigt: Der Knochen ist nicht massiv, sondern enthält viel Luft. Kleine Fasern (Knochenbälkchen) machen ihn trotzdem stabil.

Abgefahren

Total verrückte Einzelstücke

Houston im Bundesstaat Texas, USA, jedes Jahr im Mai

Über die Hauptstraße der Innenstadt schiebt sich eine grünes Monstrum, das mit zwölf Augen die harmlos am Rand stehenden Menschen anglotzt. Manchmal sieht man an dieser Stelle auch einen Riesen-Hai auf Rädern, ein rollendes Meeresriff mit singenden Garnelen oder ein pinkfarbenes Katzenfell-Gefährt. Für die Menschen in Houston ist das kein Grund zur Sorge, denn einmal im Jahr feiern sie die **„Houston Art Car Parade“**. Diese Parade ist ein riesiger Auto-Karneval. Monate-, manchmal jahrelang arbeiten die Menschen an ihren ausgefallenen Modellen. Nur selbst gebaute Autos sind erlaubt.

Bei der Houston Art Car Parade gibt es haufenweise schrille Meisterwerke zu sehen.

Rinspeed eXasis – mit Röntgenoptik

Eine durchsichtige Karosserie hat dieses „Plastikauto“. So kann man sein gesamtes Innenleben bewundern. Der Wagen besteht nur aus Kunststoff und Aluminium und ist daher extrem leicht.

Die Kunststoffkarosserie des **Rinspeed eXasis** ist leicht, aber sehr starr und das wäre bei Unfällen gefährlich. Es gibt nur einen Prototypen.

Aptera 2e – ultraleicht

Leichtflugzeuge standen Pate, als der amerikanische Ingenieur Steve Frambo dieses energiesparende Auto erfand. Der Aptera 2e ist extrem windschlüpfrig. Er wiegt nicht mehr als ein Elektro-Kleinstwagen, obwohl er um die Hälfte länger ist. Gleichzeitig verbraucht er weniger Strom als heutige Mini-E-Autos.

Aptera 2e wiegt 771 Kilogramm und kann mit einer Stromladung von rund 20 Kilowattstunden 160 Kilometer weit fahren. „Aptera“ ist Altgriechisch und bedeutet „flügellos“.

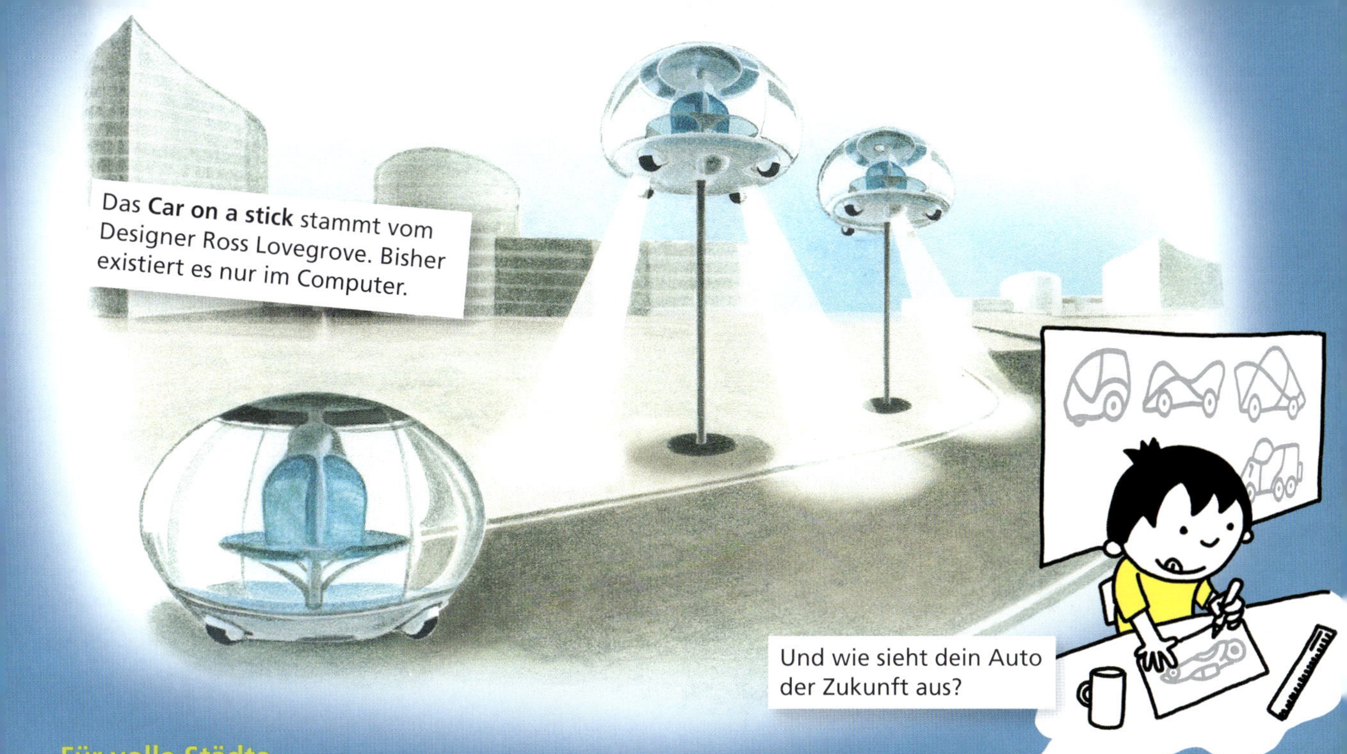

Das **Car on a stick** stammt vom Designer Ross Lovegrove. Bisher existiert es nur im Computer.

Für volle Städte

Eine abenteuerliche Zukunftsvision ist das **Car on a stick**, das Auto am Stiel. Vier Menschen sollen darin Platz haben und es steuern, indem sie mit einem Computer sprechen. Wer zuerst einsteigt, wird auch als Erster ans Ziel gebracht. Bei Parkplatzproblemen soll das „Blasenauto“ auf einer Stange in die Höhe fahren und im Dunkeln als Straßenlaterne dienen.

BMW Art Cars – die schnellsten Kunstwerke der Welt

1975 beauftragte die Autofirma BMW zum ersten Mal einen Maler mit der Gestaltung eines Sportwagens. Seitdem haben viele berühmte Künstler einen BMW bepinselt, beklebt oder bedruckt. Die Kunstautos nehmen am 24-Stunden-Rennen von Le Mans in Frankreich teil. Danach werden sie an Museen auf der ganzen Welt verkauft.

BMW Art Cars von 1986, 1979 und 1977 (von links nach rechts). Gestaltet haben sie die Künstler Robert Rauschenberg, Andy Warhol und Roy Lichtenstein.

Auto-Wörter + Zahlensalat

Automobil: Selbstbewegliches Fahrzeug, also ein Fahrzeug, das von einem eigenen Motor angetrieben wird

Batterie: Bauteil im Auto, das elektrischen Strom liefert. Es gibt Antriebsbatterien für Elektromotoren und sogenannte Starterbatterien für die Elektronik in Benzinautos.

Benzin-Motor: Gasmotor, der flüssiges Benzin in Benzingas umwandelt und zur Explosion (Verbrennung) bringt

Concept Car: Konzept-Auto, das ausschließlich gebaut wird, um ein neues Design vor Publikum, z. B. auf Autoausstellungen, zu testen

Dampfmaschine: Antrieb, der vor der Erfindung des Benzin-Motors auch für Fahrzeuge genutzt wurde. Die Dampfmaschine nutzt Kohle als Kraftstoff und ist sehr schwer.

Dieselmotor: Antrieb, der Diesel-Kraftstoff braucht, sehr ähnlich dem Benzin-Motor. Benzin-Motoren brauchen eine Zündung. Im Dieselmotor entzündet sich der Kraftstoff im Zylinder selbst, wenn der Kolben ihn zusammenpresst.

Elektromotor: Antrieb, der anstelle von Benzin elektrischen Strom aus einer Antriebsbatterie (**Traktionsbatterie**) benötigt

Formel 1: Oberste Liga im Motorsport. Nur Autos einer besonderen Bauart und Klasse dürfen hier mitfahren und nach bestimmten Regeln um die Formel-1-Weltmeisterschaft kämpfen.

Getriebe: Bauteil im Auto, das die Kraft des Motors in verschiedenen Stufen (**Gängen**) auf die Räder überträgt

Hybrid-Auto: Auto mit mindestens zwei verschiedenen Motoren, meist einem Benzin- und einem Elektromotor

Karosserie: Gesamter Aufbau eines Autos über dem **Fahrgestell**. Zur Karosserie gehören Fenster, Sitze, Kofferraum, Armaturen sowie Wände, Türen und Dach.

Kilowatt (kW): Heutiges Maß für die Leistung, die ein Motor erbringt, 1 kW ist umgerechnet 1,36 PS.

Kolben: Bauteil im Motor, das sich in einer Metall-Hülle (**Zylinder**) auf und ab bewegt. Der Kolben ist mit der **Kurbelwelle** verbunden, die die Hub- in eine Drehbewegung umwandelt.

Kraftstoff: Benzin, Diesel, Kohle, Wasserstoff: Stoffe, die verbrannt oder chemisch verändert werden, um Energie für einen Motor zu liefern. Benzin und Diesel werden aus Erdöl gemacht.

Modell: Baugleiche Autos eines Herstellers, die sich nur in der Sonderausstattung unterscheiden

Motor: Antrieb eines Autos, also eine Maschine, die Verbrennungsenergie oder elektrischen Strom in eine Drehbewegung umwandelt

Personenkraftwagen (Pkw): Auto zum Transport von Personen, im Unterschied zum Lastkraftwagen (Lkw)

Pferdestärke (PS): Veraltetes, aber noch gebräuchliches Maß für die Leistung, die ein Motor erbringt, 1 PS entspricht der Zugkraft eines Pferdes oder 0,74 kW.

Prototyp: Testfahrzeug, Einzelanfertigung eines Pkw-Modells, das gerade neu entwickelt wird

Serienfahrzeug: Auto eines fertig entwickelten Pkw-Modells, das es zu kaufen gibt

Stundenkilometer (km / h): Maß für die Strecke, die ein Auto in einer Stunde zurücklegt

Verbrauch (l / 100 km): Maß für die Kraftstoffmenge, die ein Pkw auf 100 Kilometern Fahrstrecke verbraucht

Wasserstoff-Brennstoffzellen-Motor: Elektromotor mit Brennstoffzelle; sie wandelt Wasserstoffgas und Sauerstoffgas in elektrischen Strom um, als Abgas entsteht Wasser.

Wie viele Autos und Lastwagen wurden weltweit gebaut?

um 1915: 1 Mio. Pkw, Lkw und Busse
um 1925: 5 Mio. Pkw, Lkw und Busse
um 1950: 10 Mio. Pkw, Lkw und Busse
2012: 84 Mio. Pkw, Lkw und Busse, 2,7 Stück in der Sekunde!

Wo fahren die meisten Autos?

2011 fuhren die meisten Pkw auf nordamerikanischen Straßen (USA: 128 Millionen), gefolgt von China (75 Millionen) und Japan (59 Millionen), in Deutschland rollten 43 Millionen Pkw über die Straßen.